MW00784539

Cover

BIBLIOTECA DEL PUEBLO.

MÓNITA

ó

INSTRUCCIONES SECRETAS

DE LOS JESUITAS.

PRECIO:

3 reales y medio e   rcelona y 4 fuera, franco de porte.

porte.

MÓNITA

ó

INSTRUCCIONES SECRETAS

DE LOS JESUITAS.

MÓNITA

ó

INSTRUCCIONES SECRETAS

DE LOS

JESUITAS.

Sois semejantes á los sepulcros blanqueados que parecen hermosos á los ojos de los hombres, y cuyo exterior produce la admiracion; pero que de dentro están solo llenos de osamentas, hediondez é inmundicia: en verdad, á la vista de los hombres parecéis gentes de bien, sin embargo de estar vuestro interior lleno de hipocresía y perversidad.

JESUCRISTO.

Si la autoridad declara que es negro lo que veis blanco, afirmadlo absolutamente. (San Ignacio de Loyola.)

El jesuitismo es una espada cuya empuñadura está en Roma y su punta en todas partes. (General Foy.)

BARCELONA:

ESTABLECIMIENTO EDITORIAL DE JOSÉ CODINA,
Calle Riera de S. Juan, núm. 3, 1.º
1870.

C 433.11

PRÓLOGO

Servicio es por cierto muy importante el que se hace al pueblo español patentizándole los secretos de una asociacion que pretendia trastornar el órden establecido y desquiciar los tronos de Europa, y quizá de todo el orbe, para formar una sola masa política y constituirla bajo su terrible influencia. Sí; no hay que dudarlo; sus planes eran vastísimos: pero conociéronlo á tiempo los monarcas, y apresuráronse á expulsar de sus estados á aquellos falsos amigos que minaban su poder y sólio. Hasta el sábio papa Clemente XIV, viendo comprometida la seguridad de la córte de Roma con la existencia de tal asociacion, trató dando un Breve de extincion de cicatrizar la llaga que la Compañía de Jesús habia abierto en el seno mismo de la Iglesia. Lo mismo obró en España la sábia prevision de Cárlos III con su decreto de expulsion: empero con los años de despotismo que sucedieron al paternal reinado de aquel monarca arraigóse otra vez en este suelo, teatro de sus mas brillantes hazañas. Vuelve á sucumbir y realzarse, puede decirse á un tiempo; sin embargo, la carrera de las reformas que ha emprendido nuestra España desde la revolucion de Setiembre ha ya alcanzado á esta institucion, y con gusto vemos por tercera y última vez abatido aquel terrible coloso. Preciso es que conozcan los españoles su mónita.

Entre los escritos que han hablado de los Jesuitas, ninguno ciertamente aventaja en curiosidad al presente; se descorre en él el velo de sus misterios: es un curso preciosísimo de política y moral al uso de toda clase de usurpacion naciente ó ya establecida; una reducida enciclopédia ultramontana: y finalmente nada existe tan perfecto despues del Príncipe Maquiavelo.

¿Cómo pudo este corto escrito ver la luz? Fué encontrado, segun se refiere, en Paderbon ó en Praga, en un colegio de Jesuitas; pero lo que está fuera de duda es que las acciones y procederes de estos concuerdan perfectamente con las presentes *Instrucciones secretas.* Por lo tanto, movidos del bien general, hemos emprendido su publicacion, persuadidos de que nuestros compatriotas no mirarán con indiferencia un escrito que descubre los manejos é intrigas de la famosa sociedad cuyas perniciosas doctrinas tan funestos resábios han dejado en nuestra nacion, y cuya influencia fué tan bien descrita por M. de Montlosier y de Pradt.

Las primeras ediciones de este libro fueron agotadas en tan corto intérvalo, que no pudimos intentar cambios importantes; hoy presentamos nuevas pruebas y aumentamos nuestras citas, respondiendo con ellas á nuestros adversarios.

Los acontecimientos de la Suiza, señalaron á los Jesuitas como agitadores de la guerra civil; sus negros hábitos salpicáronse de sangre; pero como en otras ocasiones, la sangre no se distingue, porque está confundida con la de los protestantes y moradores del nuevo mundo.

Affnaer ofrece el testimonio de las riquezas de los Jesuitas, de su codicia y de su mala fé.

Este libro, completo hoy, es la condenacion de los Jesuitas por sí mismos.

¡Lauros mil á los Jesuitas!

Despertaron á la Europa de su letargo, y esta corrió unánime á la conquista de democráticas ideas, porque la reaccion de la tirania produce siempre la libertad.

En 1833 hicieron los Jesuitas que exclamase el papa: *Era un absurdo el conceder al pueblo la libertad de conciencia.*

El cardenal Albani habia organizado las facciones que diezmaron á la Italia y dictado este impío juramento: «Juro erigir el trono y el altar sobre los huesos de los infames liberales, y exterminarlos uno áuno sin que me conmuevan los clamores de niños, ancianos y mujéres.»

En 1843 tocamos los acontecimientos de la Helvécia, y advertimos que los Jesuitas son los promovedores de la guerra civil. El Padre Santo les habia *aconsejado* que abandonasen la Suiza; pero no satisfacia este éxito á los reverendos padres y *empeñaron una lucha.* La sangre vertida caiga sobre sus cabezas gota á gota: merecieron la maldicion de los hombres, sucumban al anatema de Dios.

PREFACIO.

Los superiores retendrán en su poder y guardarán con sumo cuida
do estas instrucciones reservadas; comunicándolas únicamente á uno
que otro profeso; instruyendo en algunas de ellas á los novicios, cuando así lo reclame el interés de la Compañía, y efectuándolo siempre
bajo el mas escrupuloso sigilo y no como si estuviesen de antemano
escritas por otro, sino como que emanan de la propia experiencia del
que las dá.

Como muchos de los profesos están instruidos en estos secretos,
forma una de las primitivas reglas de la Compañía, confirmada por la
Santa Sede, el que los orientados en ellos no puedan entrar en ninguna
otra órden religiosa, excepto en la de los Cartujos por el sumo retiro
en que viven y el escrupuloso silencio que están obligados á guardar.

Conviene poner mucho cuidado en que no caigan estas instrucciones
en manos de los extraños, que por envidia á nuestra órden les darian
sin duda una interpretacion maliciosa. Si llegase acaso esto á suceder
(lo que Dios no permita), niéguese siempre que estos sean los sentimientos de la Compañía, haciéndolo asegurar por los que de cierto se
sabe que ignoran nuestros secretos, y oponiendo á estos las instrucciones generales y reglas impresas y manuscritas.

Indaguen los superiores con el mayor cuidado y prudencia si alguno de nuestros hermanos ha descubierto á un extraño estas instrucciones; las cuales nadie podrá copiar para sí ni para otro, ni permitir que se las cópien, sin el prévio consentimiento del General ó á lo menos del Provincial. Y si se duda de alguno, que sea capaz de no guardar tan importantes secretos; dígansele otros diametralmente opuestos á los verdaderos, y despídasele.

INSTRUCCIONES SECRETAS

DE LOS

JESUITAS.

~~~~

CAPITULO I.

Cómo debe conducirse la Compañia al empezar una fundacion.

1. A fin de hacerse bien quistos de los habitantes del lugar, conviene en gran manera explicar el fin de la Compañía tal cual se halla prescrito en las reglas; en donde se previene que ella debe procurar el bien del prójimo con igual esfuerzo que el suyo propio. Segun esto es menester practicar los oficios mas humildes en los hospitales, ir á visitar á los pobres, presos y afligidos, oir pronta é indistintamente las confesiones, á fin de que los de mas consideracion del pueblo nos admiren y amen por nuestra extraordinaria y universal caridad, y por la novedad de nuestro comportamiento.

2. Acuérdense todos de pedir modesta y religiosamente el medio de ejercer los ministerios de la Compañía, procurando ganarse el afecto, en particular de los eclesiásticos y seculares cuya autoridad se necesite.

3. Convendrá tambien ir á los lugares lejanos, en donde, despues de manifestadas nuestras necesidades, se recibirán las limosnas por pequeñas que sean, las que despues se repartirán entre los pobres á fin de edificar por este medio á los que todavía no nos conozcan y lograr así que sean aun mas liberales para con nosotros.

2

4. . Procuren todos manifestarse inspirados del mismo espíritu y aprendan á mostrar unas mismas exterioridades; pues la uniformidad en tanta diversidad de personas edifica á los demás : por lo tanto, los que obren de otra manera se separarán de la Compañía como dañosos.

5. Guárdese al principio de comprar fincas; mas si hay proporcion de comprar alguna muy bien situada, hágase bajo el nombre prestado de un amigo fiel que guarde el secreto, para que así resalte mas nuestra pobreza; y los bienes raices vecinos á los lugares en que tenemos colegios, asígnense á otros colegios apartados ; lo que hará que los príncipes y magistrados no puedan jamás saber con seguridad cuales son las rentas de la Compañía.

6. No vayan nuestros hermanos, con intencion de fundar colegio, mas que á las ciudades ricas; pues el fin de nuestra sociedad es imitar á N. S. Jesucristo, que se detenia siempre mas en Jerusalen y demás ciudades populosas, yendo solo de paso por los lugares de poca consideracion.

7. Es menester sacar de las viudas todo el dinero que se pueda, repitiéndolas con frecuencia nuestra extrema necesidad.

8. Nadie mas que el provincial sabrá en cada provincia cuales son sus rentas; pero lo que existe en el tesoro de Roma será un misterio sagrado.

9. Prediquen y digan por todas partes nuestros hermanos, que han venido para instruir á la juventud y socorrer al pueblo sin ningun objeto de interés y sin excepcion de personas, y que por consiguiente no son una carga á las poblaciones como las demás órdenes religiosas.

CAPÍTULO II.

~~~~~~~

De qué modo podrán los padres de la Compañía adquirir
y conservar la familiaridad de los príncipes, grandes y
personajes de alto rango.

1. Es menester hacer todos los esfuerzos posibles para hacerse ár-
bitros en todas partes de las conciencias de los príncipes y personajes de rango, á fin de que nadie se atreva á levantarse contra nosotros
antes al contrario, se vean todos en la precision de ser dependientes
nuestros.

2. Como la experiencia nos ha enseñado que los príncipes y grandes señores tienen un particular afecto á los eclesiásticos , mientras
estos disimulan sus acciones odiosas ó las interpretan favorablemente,
como se nota en los casamientos que contraen con parientes ó allegados y en otras cosas semejantes; es menester en tales casos procurar
animarlos, haciéndoles concebir fáciles esperanzas de lograr por medio de nosotros las dispensas del Papa y manifestándoles que este las
concederá sin duda si se le saben explicar bien las razones, apoyán-
dose en otros casos semejantes y explicando los sentimientos de que se
hallan poseidos los interesados bajo pretexto del bien comun y de la
mayor honra y gloria de Dios, que es lo que forma el fin de la Compañía.

3. Del mismo modo conviene portarse si el príncipe intenta hacer
algo que no sea del gusto de todos los grandes señores; en cuyo caso
es menester animarle y procurar persuadir á los demás á que se con-

formen y no le contradigan: sin embargo, esto debe hacerse en términos generales sin descender nunca á particularidades; no fuese que si el negocio saliese mal, se imputase despues á la Compañía: si empero finalmente la accion es desaprobada, prodúzcanse entonces advertencias contrarias que la prohiban del todo, empleándose para este la autoridad de algunos padres, á quienes pueda asegurarse ser desconocidas tamañas instrucciones, pudiendo asímismo afirmar con juramento que se calumnia abiertamente á la Compañía respecto á lo que se le imputa.

4. Para hacerse bien capaces del carácter é inclinaciones de los príncipes, convendrá sobremanera insinuarse con destreza y por conducto de terceras personas, para desempeñar por medio de ellas, embajadas honoríficas y favorables cerca de los otros príncipes y reyes, especialmente del Papa y demás grandes monarcas, y lograr así hacer recomendar la Compañía: pero será menester no destinar á este objeto mas que personas muy celosas y versadas en nuestro instituto.

5. Conviene muy particularmente grangearse la amistad de los favoritos y familiares de los príncipes por medio de algunos regalos y diferentes ejercicios de piedad; pues de este modo podrán ellos instruir fielmente á los hermanos del génio é inclinaciones de los príncipes y grandes, á qué podra facilmente la Compañía atemperarse.

6. La experiencia ha acreditado cuán ventajoso ha sido para la Compañía el haberse entrometido en los matrimonios de la casa de Austria y demás celebrados en otros reinos, como en Francia, Polonia, etc., y en diferentes ducados: así pues se deben proponer con la mayor prudencia partides escogidos, que sean allegados y familiares de los parientes y amigos de nuestros hermanos.

7. Se ganarán los princesas por medio de sus camaristas, procurando por lo tanto mantener estrecha amistad con éstas; pues se logrará de esta suerte interiorarse en todo, hasta en las cosas mas recónditas de las familias.

8. Para la direccion de la conciencia de los grandes, es preciso que sigan nuestros confesores la opinion de aquellos autores que dan mas ensanche á ella; porque así se irá contra la opinion de los demás religiosos, á quienes ellos dejarán, queriendo depender enteramente de nuestra direccion y consejos.

9. Es menester hacer partícipes de todos los méritos de la Com-

pañía tanto á los príncipes como á los prelados y demás que pueden favorecernos extraordinariamente, empero esto debe ser despues de haberles manifestado y encarecido la importancia de tan gran privilegio.

10. Se debe asimismo insinuar con toda habilidad y prudencia el ámplio poder que, en comparacion de los demás pastores y religiosos, tiene la Compañía de absolver aun en los casos reservados, y además, de dispensar en lo tocante á ayunos, deudas que se han de satisfacer ó exigir, impedimentos de matrimonios y otras cosas sabidas; todo lo que hará que recurran á nosotros mucha gente, á cuyas solicitudes debemos siempre prestarnos gustosos.

11. Tambien conviene invitar á los grandes para los sermones, cofradías, arengas, declamaciones, etc.; dedicarles algunas poesías ó tésis, y si es necesario, darles algun banquete y obsequiarlos de diversos modos.

12. Convendrá procurarse el cuidado de reconciliar á los grandes en las enemistades y disensiones que entre ellos se hayan suscitado; pues así conseguiremos entrar poco á poco en conocimiento de los que son de su mayor confianza, y tambien de sus secretos, obligando al mismo tiempo ambas partes hácia nosotros.

13. Si hubiese alguno que no fuese afecto á la Compañía y perteneciese al servicio de algun monarca ó príncipe, se debe poner todo el conato, bien sea por medio de nosotros, bien valiéndose de los demás, para grangeárselo por amigo y deudo de la misma, echando mano para ello de promesas, favores, ó procurándole algun ascenso de parte del monarca ó príncipe.

14. Que se ponga el mayor cuidado en no recomendar cerca de quien fuere ni procurar ascensos á los que hayan salido, de cualquier modo que sea, de la Compañía, y sobre manera á aquéllos que hayan querido salirse espontáneamente, porque, aunque disimulen, conservan siempre un ódio irreconciliable para con ella.

15. Finalmente, que cada cual se esfuerze en conciliarse el favor de los príncipes, grandes y magistrados del pueblo á que pertenezca, á fin de que, cuando se presente la ocasion, trabajen fiel y enérgicamente en bien nuestro, aunque para ello se vean precisados á ir en contra de sus parientes, allegados y amigos.

CAPITULO III.

~~~~~~~~

Cómo debe conducirse la Compañía con respecto á los que gozan de grande autoridad en el estado y á pesar de no ser ricos pueden sin embargo prestarnos grandes servicios.

1. Aunque con discernimiento pueden estos emplearse para casi todo cuanto nos sea útil, conviene sin embargo sobre todo hacer valer su favor en contra de nuestros enemigos.

2. Es menester servirse de su autoridad, prudencia y consejos para aparentar despreciar los bienes, y adquirir empleos que pueda ejercer la Compañía, sirviéndose tácita y reservadamente de sus nombres en la adquisicion de las temporalidades, si se tiene en ellos bastante confianza.

3. Conviene tambien aprovecharse de su influjo para suavizar las ideas que el populacho tenga contra nuestro instituto.

4. Se exigirá todo cuanto se pueda de los obispos, prelados y demás superiores eclesiásticos, segun los sentimientos de que se hallen poseidos hácia nosotros.

5. Bastará en algunos lugares para lograrlo, obligar á los prelados y curas á hacer de manera que respeten sus feligreses la Compañía, y que ellos no nos impidan ejercer nuestras funciones en otros lugares donde es mayor su poder, como en Alemania, Polonia etc. Se deberá tributarles homenaje, á fin de que por medio de su autoridad y la de los príncipes, puedan caer en nuestro poder los monasterios,

parroquias, prioratos, patronos, fundaciones de misas y lugares piadosos; pues con mayor facilidad se pondrán obtener en los parajes en
que los católicos se hallan mezclados con cismáticos y herejes. Es necesario manifestar á estos prelados, que semejantes cambios produci-
rán una utilidad é importancia que no podria esperarse de los clérigos,
seculares ó monges: así, pues, si ellos condescienden, será menester
publicar su celo de palabra y por escrito, eternizando la memoria de
su accion.

6. Para esto debemos procurar que dichos prelados se valgan de
nosotros, tanto para la confesion como para los consejos; é igualmente, que si aspiran á destinos mas elevados en la córte de Roma, inter-
cedamos con todo nuestro valimiento á fin de que los obtengan.

7. Cuiden nuestros hermanos, al fundar los obispos y príncipes
colegios y parroquias, de que tenga la Compañía poder de poner vi-
carios con cura de almas, siendo el superior del lugar el cura, porque de este modo nos pertenecerá el gobierno de dicha iglesia, y sus
feligreses quedarán en nuestra total dependencia.

8. Si en alguna parte hubiese alguna academia que contrariase
nuestros intereses; ó existiesen católicos ó herejes que intentasen impedir nuestras fundaciones; conviene procurar por medio de los prelados obtener las primeras cátedras: pues así le será fácil á la Compañía poco á poco ir inculcando sus exigencias y necesidades.

9. Convendrá sobre todo interesarse con los prelados de la iglesia
cuando se trate de la beatificacion ó de la canonizacion de algun hermano: y asimismo será preciso obtener de todos modos cartas de los
príncipes y grandes, para poder por medio de ellas lograr el que se
eleve el negocio á la Sede apostólica.

10. Cuando llegue el caso de que los prelados ó grandes tengan
que hacer una embajada; se pondrá el mayor cuidado en que no se
sirvan para ella de religiosos que estén en competencia con nosotros;
pues podrian transmitir el espíritu de que se hallan poseidos y dise-
minarlo por los pueblos de nuestra permanencia: igualmente debemos
procurar que si pasan tales embajadores por las provincias y ciudades en que tenemos colegios, se les reciba honorífica y afectuosamente
regalándoles hasta el punto que permita la modestia religiosa.

CAPÍTULO IV.

De lo que debe recomendarse á los predicadores y confesores de los grandes.

1. Los príncipes y grandes deben dirigirse de suerte que solo parezca que se tiene por objeto la mayor honra y gloria de Dios; encaminándolos á una austeridad de conciencia á que puedan sin dificultad sujetarse: así pues su direccion no debe mirar desde un principio, sino solo poco á poco é insensiblemente, á lo que pertenece al gobierno exterior y á la política.

2. Por esto debe inculcárseles á menudo, que la distribucion de los honores y dignidades de la república tiene estrecha relacion con la justicia; y que los príncipes pecan gravemente contra Dios cuando no tienen en ello miramiento alguno, y siguen solo el impulso de sus pasiones: igualmente deben repetir con serias protestas que no quieren de modo alguno entrometerse en la administracion del estado, y que si alguna vez hablan de ello, es bien á pesar suyo y en razon de su deber. Cuando los príncipes estarán bien instruidos en esta máxima, se les explicará qué virtudes deben poseer los sujetos á quienes elijan para el desempeño de las dignidades y cargas públicas y principales, proponiéndoles y recomendándoles en fin los amigos mas sinceros de la Compañía. Esto sin embargo no debe hacerse directamente por nosotros mismos, sino valiéndonos de personas de la confianza del príncipe, á no ser que nos veamos precisados á ello.

3. Por lo tanto nuéstros confesores y predicadores procurarán in-

formarse, por conducto de nuestros amigos, de aquellos que sean mas
á propósito para el desempeño de los cargos públicos, y sobre todo mas
liberales para con la Compañía; cuyos nombres insinuarán á su tiemdo
con maña á los príncipes, ó por sí mismos ó por interpuestas personas.

4. Acuérdense los confesores y predicadores de tratar á los príncipes con dulzura, acariciarlos, no chocar con ellos en sermones ni
conversaciones privadas, alejar de ellos toda especie de temores, y
exhortarlos principalmente á la fé, á la esperanza y á la justicia política.

5. No reciban dichos predicadores y confesores casi nunca, módi-
cos presentes para su uso particular; pero encarezcan contínuamente
la necesidad pública y del colegio: conténtense con un aposento senci-
llamente amueblado: vístanse sin afectacion y acudan á prestar con
prontitud su consuelo y ayuda aun á las personas mas ínfimas de pa-
lacio, á fin de que no se crea que solo están para prestar sus servicios
á los señores.

6. Inmediatamente despues de la muerte de alguno de los oficiales,
tengan cuidado de hablar para substituirlo con algun amigo de la Compañia, evitando la menor sospecha que pudiera caer sobre ellos de intentar arrancar el mando de las manos del príncipe : por esto pues,
como hemos dicho antes, no deberán mezclarse directamente en tales
negocios, sino emplear amigos fieles y poderosos que en un caso puedan
suportar el ódio que caiga sobre ellos.

CAPITULO V.

ᶰᶰᶰᶰᶰ

Del modo con que debemos conducirnos con respecto á los religiosos que desempeñan en la iglesia las mismas funciones que nosotros.

1. Es preciso tolerar con esfuerzo á esa casta de gentes, haciendo entender oportunamente á los príncipes y demás que gozan de alguna autoridad y que en cierto modo nos son adictos, que la Compañía abraza la perfeccion de todas las órdenes á excepcion del canto y austeridad exterior en la manera de vivir y de vestir; y que si acaso exceden las otras religiones en alguna cosa, resplandece no obstante la Compañía de un modo mas eminente en la iglesia de Dios.

2. Indáguense y repárense los defectos de los demás religiosos, y una vez descubiertos y publicados con prudencia á nuestros fieles amigos, como si se deplorasen, muéstrese que no cumplen tan bien como nosotros las funciones que nos son comunes.

3. Con el mayor conato conviene oponerse á los que intenten formar establecimientos para la enseñanza de la juventud en los lugares donde enseñan nuestros hermanos con honor y provecho, haciendo presente á los príncipes y magistrados que tales gentes conmoverán con sediciones al estado sino se trata de privarles, y que la diversa instruccion que recibirán los niños hará que empiecen por ellos las di-

sensiones, y finalmente que la Compañía es muy suficiente para instruir á la juventud : si esos religiosos hubiesen obtenido Breves del papa, ó tuviesen de su parte la recomendacion de los cardenales, es necesario entonces que se manejen los hermanos contra ellos por medio de los príncipes y grandes, quienes informarán al papa de los méritos de la Compañía y de su suficiencia para instruir en paz á la juventud; procurando además producir testimonios de magistrados en lo concerniente á su buena conducta y sana instruccion.

4. Sin embargo, es preciso esforzarse en dar pruebas particulares de virtud y erudicion, haciendo ejercitar á los escolares en los estudios y por medio de otros actos escolásticos propios para arrancar aplausos, procurando que todo esto se celebre en público y en presencia de los grandes y magistrados.

CAPITULO VI.

~~~~~~~

Del modo de conquistar á las viudas ricas.

1. Destínense á este objeto padres algo avanzados de edad, de complexion viva y conversacion agradable, que visiten á tales viudas, y que luego que reparen en ellas alguna inclinacion para la Compañía se apresuren á ofrecerles los méritos y servicios de ella; dándose prisa, en caso que los acepten y empiezen ellas á visitar nuestras iglesias, en proveerlas de un confesor por medio del cual sean bien dirigidas, á la mira de mantenerlas en su estado de viudéz, manifestando y ensalzando sus ventajas y felicidad, y prometiéndoles con toda seguridad, y aun saliendo de ello garantes, de que de este modo lograrán un mérito eterno y un medio eficacísimo para evitar las penas del purgatorio.

2. El mismo confesor procurará hacer de modo que ellas se dediquen en adornar una capilla ú oratorio en su propia casa para que puedan entregarse á las meditaciones y demás ejercicios espirituales, alejando de esta manera de sí las visitas y conversaciones de los que podrian solicitarlas; y aun que ya tengan ellas un capellan, no por esto dejen nuestros hermanos de ir á celebrar la misa en dicho oratorio, procurando por medio de oportunas oraciones mantener al referido capellan en su dependencia.

3. Es menester cambiar con toda prudencia y lentitud lo tocante á la buena administracion de la casa, acomodándose á las circunstancias de lugar, persona, carácter y devocion de la misma.

4. Es menester así mismo, aunque con mucha cautela, separar á los domésticos que ninguna relacion tienen con la Compañía; y si hay necesidad de reemplazarlos, recomiéndense sugetos que dependan ó quieran depender de nosotros: de este modo, pues, se nos participará todo lo qne pase en la familia.

5. No debe tener otra mira el confesor que la de hacer depender á la viuda, en todo y para todo, de sus consejos, sin sujetarse á otros; cuyo modo le manifestará con oportunidad, ser el único de progresar en el camino de la virtud.

6. Se le aconsejará el frecuente uso de los sacramentos, sobre todo el de la penitencia, en el cual descubrirá ella con la mayor libertad sus mas recónditos pensamientos y tentaciones: se le invitará tambien á comulgar á menudo, rezar las letanías y examinar ordinariamente la conciencia.

7. Una confesion general reiterada, aunque se haya hecho ya á otros, no servirá de poco para tener un perfecto conocimiento de todas sus inclinaciones.

8. Se le harán advertencias sobre las ventajas del estado de viudez; de las incomodidades del matrimonio, sobre todo cuando se reitera; los riesgos á que uno se expone, y finalmente cuanto haga para el caso.

9. Conviene tambien proponerle de cuando en cuando y con destreza partidos por los cuales se esté bien seguro tenga ella repugnancia; y si se tiene noticia que haya alguno que le plazca, se procurará representarle las malas costumbres del sugeto, á fin que de este modo cobre un ódio general á las segundas núpcias.

10. Cuando se tenga seguridad de que está dispuesta á permanecer viuda, convendrá recomendarle la vida espiritual; no empero la religiosa, cuyas incomodidades antes bien se le pintarán, sino una vida como la que observarcn Paula, Eustaquia y otras. Finalmente haga de modo el confesor que haciendo ella voto de castidad por dos ó tres años á lo menos, cierre enteramente la puerta á las segundas núpcias. Cuando se halle ya en este caso, se le impedirá todo roce con los hombres, y aun el que se divierta con sus parientes y allegados, so pre-

texto de unirla mas íntimamente con Dios. Con respecto á los eclesiásticos con quienes se visite, si acaso no es posible excluirlos del.
todo, á lo menos se procurará que admita solo los que sean de nuestra
aprobacion.

11. En llegando á este punto se le acostumbrará á la práctica de
las obras de piedad, sobre todo á la distribucion de limosnas; la cual
sin embargo no se permitirá que practique sino bajo la direccion de
su padre espiritual, porque es menester que las buenas obras se hagan
con provecho, y las limosnas mal empleadas son infinitas veces causa
de diferentes pecados, no pudiéndose sacar de ellas todo el fruto de
que son susceptibles.

CAPITULO VII.

~~~~~~~

De qué modo convendrá entretener á las viudas y disponer de sus bienes.

1. Precíseles á la continuacion del ejercicio de las obras de piedad y devocion, de modo que no se pase semana sin que separen algo de su sobrante en honor de Jesucristo, de la Vírgen Santísima ó del santo que hayan elegido por patron, cediéndolo á beneficio de los pobres ó para el ornato de las iglesias.

2. Si además de un afecto general, dan muestras repetidas y reales en favor de nuestra Compañía; se les hará entonces partícipes de todas las gracias de esta, juntamente con las indulgencias dadas por el provincial, y si son personajes de alta categoría, por el General de la órden.

3. Si han hecho voto de castidad, lo renovarán dos veces al año, segun nuestra costumbre, concediéndoseles en semejante dia un recreo honesto con nuestros hermanos.

4. Menudéenseles las visitas, procurando entretenerlas de un modo agradable y divertirlas con la narracion de historias espirituales, interpolando con ellas algun chiste, segun el humor y génio de cada una.

5. En la confesion no se las tratará con demasiado rigor para que

no se desazonen, á menos que se desespere de reconquistar su favor de que se hayan otros apoderado. Para esto conviene tenerse muy presente la natural inconstancia de las mujeres.

6. Se les prohibirá con maña el visitar las otras iglesias é ir á ver las fiestas en particular que celebren las religiosas, repitiéndoles con frecuencia que todas las indulgencias concedidas á las demás órdenes se encuentran reunidas en la nuestra.

7. Si tienen necesidad de vestirse de luto, convendrá aconsejarles un porte que tenga un aire elegante al par que religioso, para que no crean ellas que el que las dirige es un hombre enteramente místico. En fin, con tal que no haya temor de que sean inconstantes, antes al contrario se muestren fieles y liberales para con la Compañía; entonces se les podrá conceder, con moderacion y sin causar escándalo, lo que exije su misma sensualidad.

8. Cuídese de introducir en casa de las viudas, jóvenes honradas, nacidas de padres ricos y nobles, para que se acostumbren poco á poco á nuestra direccion y modo de vivir : escójales el confesor de la familia una buena directora : sométaseles á las censuras y á todos los hábitos de la Compañía; y las que no querrán acomodarse á ellos, se devolverán á sus padres ó á los que las hubiesen traido, tildándolas de caprichosas, extravagantes y de carácter áspero.

9. No se tendrá menos cuidado de su recreo que de su salud: por lo tanto si se quejan de alguna indisposicion, se les prohibirán los ayunos, cilicios y disciplinas, no permitiéndoles tampoco que vayan á la iglesia; pero se las gobernará en casa secretamente y con precaucion. Déjeseles entrar en el jardin y colegio, con tal que esto se eje- cute con toda reserva, tolerando el que se diviertan con los hermanos que mas les agraden.

10. A fin de que una viuda disponga de todos sus réditos á favor de la Compañía, propóngasele la perfeccion del estado de los santos varones: quienes, habiendo renunciado al mundo, á sus padres y bienes, se entregaron con la mayor resignacion y júbilo al servicio de Dios. Con esta mira conviene que se le explique todo lo que hay en la constitucion y exámen de la Compañía concerniente á la referida renuncia de todas las cosas. Que se les cite el ejemplo de las viudas que en muy corto tiempo han conseguido entrar en el catálogo de las santas, haciéndole así concebir esperanzas de ser canonizada, caso

que prosiga de un mismo modo hasta el fin, é igualmente que se le manifieste que no le faltará para obtenerlo del papa, nuestra recomendacion.

11. Es preciso grabar profundamente en el ánimo de las viudas, que si quieren gozar de una perfecta tranquilidad de conciencia, deben seguir sin murmuracion, fastidio ni la menor repugnancia interior, tanto en las cosas temporales como espirituales, la direccion de su confesor, como particular enviado de Dios.

12 Es necesario decirles, cuando venga al caso, que es mucho mas grato á Dios, si antes de hacer limosnas en particular á los religiosos de una vida á toda prueba y ejemplar, lo divulgan á su confésor y lo hacen mediante su aprobacion.

13 Procurarán los confesores de las viudas de que hablamos, que no visiten ellas á los demás religiosos bajo ningun pretexto, y que jamás se tomen ninguna franqueza con ellos. A fin de impedirlo, se curarán de ensalzar con oportunidad á la Compañía, como una órden sobresaliente, utilísima para la iglesia, de gran ascendiente cerca del papa y de todos los príncipes, y perfectísima por esencia, puesto que desecha á los que son perjudiciales é ineptos, y en la que no hay polilla ni gentuza como entre los regulares, que comunmente son los mas ignorantes, estúpidos, negligentes y descuidados para con su propia salud, entregados á la glotonería etc.

14. Les propondrán así mismo los confesores y persuadirán que paguen las pensiones ordinarias y tributos para ayudar anualmente á los colegios y casas de profesos y sobre todo la de los de Roma, diciéndoles que no echen en olvido el ornato de los templos, la cera, vino y demás que son indispensables para la celebracion de la misa.

15. Si alguna viuda no se desprende enteramente de sus bienes durante su vida, se le hará evidente cuando se presente ocasion y particularmente cuando estará enferma ó en eminente peligro de su vida, la pobreza de los colegios, los que se han hecho nuevos y los muchos que falta fundar todavía, precisándola con dulzura y energía á hacer gastos sobre los cuales pueda fundar su gloria eterna.

16. Conviene practicar lo mismo con respecto á los príncipes y demás bienhechores, persuadiéndolos sobre lo que es perpétuo en este mundo y puede hacerles adquirir una gloria eterna en el otro de parte de Dios. Si algunos malévolos fuesen alegando por una y otra parte el

ejemplo de Jesucristo que no tenia tan solo donde apoyar su cabeza, diciendo que así mismo deberia ser tan pobre la Compañía de Jesús; se procurará demostrar y grabar en los ánimos de todos, que la Iglesia de Dios está actualmente cambiada, habiendo venido á parar en una monarquía que se debe sostener por medio de la autoridad y un fuerte poderío contra sus muy poderosos enemigos; y que es ella aquella pequeña piedra dividida que ha llegado á formar un enorme monte, predicha por un profeta.

17. Se manifestará á menudo á las que se hayan dado á hacer limosnas y á embellecer las iglesias, que consiste la soberana perfeccion en despojarse de las cosas terrenas y ponerlas en posesion de Jesucristo y de sus cólegas.

18. Pero como hay mucho menos que esperar de las viudas que educan sus hijos para el mundo, veamos pues de que modo se puede esto remediar.

CAPÍTULO VIII.

~~~~~~

Cómo se debe hacer para que los hijos de las viudas abra-
cen el estado religioso ó de devocion.

1.   Siendo necesario que las madres se porten con rigor, deben al
contrario nuestros hermanos conducirse con dulzura siempre que llegue la ocasion. Conviene inculcarlas que reprendan á sus hijos desde
la tierna infancia por medio de correcciones, reconvenciones, etc.; y
que cuando sus hijas tengan ya alguna edad, les nieguen los adornos
rogando frecuentemente á Dios que les inspire el estado eclesiástico y
prometiéndoles asimismo una dote muy crecida en caso que se hagan
religiosas. Es preciso que las madres les manifiesten tambien los inconvenientes comunes á todos los matrimonios y los que ellas en particular han experimentado, asegurando además tener el mayor dolor
de no haber preferido á su tiempo el celibato. Finalmente, que se
conduzcan de modo, que sus hijas, fastidiadas de vivir de tal manera
al lado de sus madres, solo piensen en hacerse religiosas.
2.   Conviene que nuestros hermanos conversen con la mayor familiaridad con los hijos de las viudas ricas; y si ellos parecen aptos para la Compañía, se introducirán á propósito en el colegio y se les manifestará todo cuanto podrá agradarles, como los jardines, viñas, casas

de recreo y quintas donde van á divertirse nuestros hermanos: se les
hablará de los viajes que hacen á diversos reinos; de las relaciones
que mantienen con los príncipes, y de todo cuanto pueda cautivar á
la juventud: se les hará ver la comodidad y aseo del refectorio y apo-
sentos; la conversacion agradable que tienen nuestros hermanos entre
sí; la facilidad de nuestra regla, á la cual no obstante va aneja la gloria de Dios y la preeminencia de nuestra órden sobre todas las demás:
tendránse por fin con ellos entretenimientos placenteros á la par que
piadosos.

3.   Se les exhortará, como por revelacion, á la religion en general,
y con destreza se les insinuará la perfeccion y conveniencia de nuestro instituto sobre los demás: en las exhortaciones públicas y pasa-
tiempos privados se les dirá que es mucha la enormidad del pecado de
los que se rebelan contra la vocacion divina; y se les obligará á practicar eiercicios espirituales para que tomen su resolucion acerca del
estado de vida que quieren elegir.

4.   Procuren nuestros hermanos hacer de suerte que estos jóvenes
tengan preceptores afectos á la Compañía que continuamente velen sobre su conducta y los persuadan, y que si se resisten, les priven de
algunas cosas á fin de que se aburran de aquel modo de vivir; y que
su madre al propio tiempo les manifieste los inconvenientes de la familia. Ultimamente, si de ningun modo se puede conseguir que entren de su plena voluntad en la Compañía, mándeselos á los colegios
lejanos de la misma só pretexto de estudiar; haciéndoles de parte de
su madre pocas demostraciones de cariño, y por el contrario lison-
jeándolos la Compañía con alhagos para captarse su afecto.

CAPÍTULO IX.

~~~~~~~~

Del aumento de las rentas de los colegios.

1.   Que se hága lo posible en no admitir á nadie al último voto mientras espera alguna sucesion, á no ser que tenga un hermano menor ya dentro nuestra sociedad, ó por otras razones de mucho peso. Sobre todo y ante todas cosas es preciso trabajar para el aumento de la Compañía segun los fines notorios á los superiores; quienes al menos deben acordarse para esto, que para la mayor gloria de Dios, debe la iglesia restablecerse á su primitivo esplendor, de modo que se reconozca un solo espíritu en todo el clero. Por eso conviene repetir y propalar con frecuencia que la Compañía se compone en parte de profesos tan pobres que carecerian de lo mas necesario si no fuesen las liberalidades diarias de los fieles, y en parte de otros padres tambien·pobres, pero que sin embargo poseen algunos bienes inmuebles para no servir de gravámen al pueblo en sus estudios y. funciones, como lo son todos los mendicantes. Por consiguiente, que á los confesores de los príncipes, grandes, viudas, y de otros de quienes pueda prometerse nuestra Compañía, se les instruya formalmente, á fin de que á trueque de las cosas espirituales y eternas recibamos las terre-

nas y temporales, y sobre todo que no se dejen escapar ninguna ocasion de aceptar cuando se les ofrezca. Que si alguno ha prometido y
difiere el cumplimiento de la promesa, es menester con prudencia ha-
cerle memoria de ello, empero disimulando todo lo posible el anhelo
que se tiene de riquezas. Que si alguno de los confesores de los grandes ó de otros no parece bastante diestro para practicar todo lo que
llevamos dicho, conviene que se le quite su empleo cuando se conozca
oportuno, y con prudencia, poniendo otro en su lugar; y es menester,
para la mayor satisfaccion de los penitentes, que se le confine á uno
de los colegios mas distantes, diciéndoles que la Compañía tiene necesidad de su persona y talentos en tales lugares: pues hemos tenido noticias de muchas jóvenes viudas fenecidas antes de tiempo, que habian
dejado de legar alhajas muy preciosas á nuestras iglesias por la ne-
gligencia de nuestros hermanos en no aceptarlas oportunamente. Es
menester tener presente que para admitir tales cosas no se debe atender al tiempo, sino á la buena voluntad del penitente.

2. Preciso es emplear diversos artificios para atraer á los prelados, canónigos, pastores y demás eclesiásticos ricos, á ejercicios espirituales, y con tiento ganarlos por medio de la inclinacion que manifiesten por estas cosas místicas, sondeando en seguida su liberalidad.

3. No desprecien los confesores el pedir á sus penitentes (con tal
empero que lo hagan oportunamente) su nombre, familia, parientes,
amigos, estado de sus bienes, y particularmente si tienen derecho á
alguna sucesion; tambien su estado y condicion, sus proyectos y resolucion; la cual, si todavía no han tomado, se ha de procurar que sea
en provecho de la Compañía. Si desde un principio se conciben ya esperanzas de algun provecho (pues no conviene pedirlo todo de una vez)
se les ordenará para descargo de su conciencia ó hacer una penitencia
que los salve, que se confiesen. Invíteles cortesmente el confesor, á fin
de que pueda informarse en sus dadas y tomadas de lo que no haya
podido quedar bastante informado de una sola vez. Si esto surte efecto
y es el penitente una mujer, conviene precisarla por todos modos á
que se confiese con frecuencia y visite la iglesia; pero si es hombre,
á que frecuente la Compañía y se haga íntimo de nuestros hermanos.

4. Todo cuanto llevamos dicho de las viudas, se debe aplicar tambien á los comerciantes y propietarios ricos y casados pero sin hijos,
á quienes pueda la Compañía heredar si se emplean cautelosamente las

prácticas que se han señalado; empero se deberá sobre manera observar cuanto se ha dicho con respecto á las devotas ricas que visitarán los hermanos, de quienes pueda el vulgo poco ó mucho murmurar, sino son ellas de alta categoría.

5. Procurarán los rectores de los colegios tener conocimiento de las casas, jardines, fincas, territorios, pueblos y otros bienes que posean la principal nobleza, comerciantes ó propietarios; y si es dable, de los intereses y cargas que deben satisfacer: pero conviene que de lo dicho se enteren con destreza y eficacia por medio de la confesion, familiaridad y conversaciones privadas. Luego que un confesor haya encontrado un penitente pudiente, lo comunicará al rector, y de todos modos hará por conservarlo.

6. El punto capital del negocio consiste en lo siguiente : á saber, que con el mayor conato procuren todos los hermanos conciliarse el afecto de sus penitentes y de los demás con quienes se traten, acomodándose á la inclinacion de cada uno: por lo tanto, que los provinciales hagan de manera de remitir gran número á los parajes habitados por los ricos y nobles; y á fin de que ellos lo puedan hacer con mas prudencia y acierto, acuérdense los rectores de informarles oportunamente de la cosecha que en ellos se presenta.

7. Que se informen si, en caso de admitir á los hijos de los mencionados grandes y ricos en la Compañía, les será posible acarrearse todos sus derechos y pensiones ; y si se considera poderse esto lograr, que indaguen si tendrán intencion de ceder parte de ellos al colegio, ó por medio de contrato, ó dándolos en arriendo, ó de otro modo, ó si al cabo de poco provendrán á la Compañía; para cuyo efecto convendrá que ésta haga conocer á todos los grandes y ricos sus necesidades y las muchas deudas con que se encuentra gravada.

8. Si llega el caso de que las viudas ó los casados pudientes y adictos á la Compañía solo tengan hijas, procurarán nuestros hermanos con dulzura á que escojan estas una vida devota y religiosa, de modo que dejándoles algun dote, vaya el resto de los bienes entrando poco á poco en la Compañía: si tienen hijos que manifiesten buenas disposiciones, se procurará igualmente atraerlos, haciendo que los demás hermanos entren en otras religiones, prometiéndoles una cantidad módica; pero si tienen un solo hijo, á todo trance se hará entrar en la Compañía, quitándole toda especie de temor hácia sus padres, inculcándole

la vocacion de Jesucristo y haciéndole ver que hará un sacrificio muy agradable á Dios si abandona su casa ignorándolo sus padres y contra la voluntad de estos. En tal caso, se enviará inmediatamente á un noviciado distante, avisando con anticipacion al general.

9. Los superiores deben advertir con energía á los confesores de las referidas viudas y casados el que empleen todo su talento ó instruccion en utilidad de la Compañía; y sino lo hacen serán al instante reemplazados por otros, alejándolos de manera que no puedan mantener relacion alguna con las familias de los dichos.

10. Persuádase poco á poco á las viudas y demás personas devotas que con ardor anhelan la perfeccion, el que cedan todas sus posesiones á la compañía contentándose con vivir de sus productos, de los que perpétuamente participarán segun sus necesidades, para poder de esta manera, libres de tódo cuidado é inquietud, servir mejor á Dios, siendo, este el medio mas eficaz para llegar al colmo de la perfeccion.

11. Para persuadir mejor al mundo de nuestra pobreza, pidan los superiores dinero prestado á sujetos acomodados y adictos á la Compañía bajo un simple recibo en el que se defiera por largo tiempo el pago, procurando en seguida visitarlos, especialmente si se encuentran atacados de una enfermedad peligrosa, obligándoles á volver el recibo; pues de este modo no habrá necesidad de que sonemos en el testamento, ganando además nosotros, sin atraernos el ódio de sus sucesores.

12. Será así mismo preciso tomar de algunas personas dinero á un interés anual y emplearlo luego entregándolo á otras manos que paguen otro mas crecido, á fin de que este rédito recompense el otro; porque podrá muy bien suceder que estos tales amigos que nos habrán prestado el dinero, movidos de piedad hácia nosotros, nos cedan el interés, bien sea por testamento ó por donacion entre vivos, luego que vean que se funden colegios ó que se edifiquen iglesias.

13. Podrá asimismo la Compañía negociar provechosamente bajo el nombre de comerciantes ricos y acreditados que le sean afectos; empero conviene procurarse una ganancia cierta y crecida, aun en las Indias, pues que hasta el presente, con ayuda de Dios, no solo nos han provisto estas de almas, sino tambien de grandes riquezas.

14. Que tengan los hermanos en el lugar de su residencia algun médico fiel á la Compañía, y que esta lo recomiende á los enfermos

ponderando su mérito sobre todos los demás facultativos, á fin de que á la vez nos ensalce él tambien á nosotros presentándonos de un mérito superior al de las demás ordenes religiosas y haciendo de suerte que seamos llamados para asistir á los principales enfermos y particularmente á los moribundos.

15. Que visiten los confesores á los enfermos con asiduidad, sobre todo á los que están de peligro ; y para apartar políticamente á los otros religiosos y eclesiásticos, harán de manera los superiores, que en los ratos que debe el confesor dejar al enfermo, le suceda otro que le mantenga en sus buenos designios. No obstante, es menester que se le intimide con prudencia con la idea del infierno, su horror etc., ó á lo menos con la del purgatorio, manifestándole que, así como el agua apaga el fuego, la limosna apaga el pecado, y que de ningun modo puede emplearse mejor aquella, que en el sustento y conservacion de personas que por su vocacion hacen profesion de cuidarse de la salud del prójimo; inculcando al enfermo que de este modo adquirirá grandes méritos y satisfará por sus pecados, pues la caridad es capaz de cubrir muchos. Tambien se podrá pintar la caridad, como el vestido nupcial sin el cual nadie es admitido al celestial convite. Finalmente convendrá alegarle los pasajes de la Escritura y Santos Padres que, segun los alcances del enfermo, sean mas á propósito para impresionarlo.

16. Que se advierta á las mujeres que se quejaren de los vicios de sus maridos y de las penas que les causan, que secretamente pueden quitarles algunas sumas para expiar así los pecados de ellos y conseguir su perdon.

CAPITULO X.

Del rigor particular de la disciplina en la Compañía.

1. Será preciso despedir, como enemigo de la compañía, de cualquiera edad ó condicion que sea, á aquel que habrá desviado algun devoto ó devota de nuestras iglesias ó del trato de los hermanos, ó habrá distraido las limosnas en provecho de otras iglesias ó de otros religiosos, ó que haya disuadido á algun sugeto rico é inclinado á la Compañía, el hacerlas á esta, ó que en la ocasion que deberá el disponer de sus bienes le manifieste mas afecto por sus parientes que por la Compañía (porque es gran prueba de un espíritu no mortificado, siendo así que tanto conviene que lo sean á toda costa los profesos), ó que haya distraido las limosnas de los penitentes ó amigos de la Compañía para socorrer á sus parientes indigentes. Pero, á fin de que no se quejen del motivo de su remocion, no se los despedirá apresuradamente, sino que antes se les prohibirá la facultad de confesar y se les fatigará y aburrirá con los ejercicios mas bajos, precisándoles de cada dia mas á ejecutar cosas á que tengan ellos la mayor repugnancia, alejándolos de los estudios mas sublimes y cargos mas honoríficos; se verterá sobre ellos una censura contínua tanto en los capítulos como

en las reconvenciones públicas; serán excluidos de las diversiones y del trato con los extranjeros; se les quitará de los vestidos y muebles todo lo que no sea de pura necesidad, hasta que murmuren y se impacienten, despidiéndolos entonces como gente poco sufrida y que puede sernos perniciosa por el mal ejemplo; y si acaso es necesario dar razon á sus padres y prelados de la iglesia de lo que ha motivado su despido, dígaseles que carecian del espíritu de la Compañía.

2. Asimismo convendrá despedir á los que manifiesten escrúpulo en adquirir bienes para la Compañía; alegando que son los tales demasiado adictos á su propio parecer; y si quieren dar razon de su accion á los provinciales, es menester repetir que son demasiado apegados á su propio parecer, no escucharlos y obligarlos á guardar la regla que manda á todos una ciega obediencia.

3. Convendrá considerar desde un principio y desde su juventud, cuales son los mas adelantados en adhesion á la Compañía, y quiénes conservarán mayor afecto á las demás órdenes, á los pobres ó á sus parientes. Y como sean inútiles, convendrá disponerlos poco á poco, como acabamos de manifestar, para que salgan de la sociedad.

CAPÍTULO IX.

De qué modo deberán portarse los hermanos de común acuerdo con aquellos que habrán sido despedidos de la Compañía.

1. Como aquellos que han sido despedidos estan á lo menos entera-
dos de algunos de los secretos; así es, que regularmente perjudican á
la Compañía: por eso será menester oponerse á sus esfuerzos del modo siguiente: Antes no se les despida, convendrá obligarles á prome-
ter, por escrito y bajo juramento, que jamás dirán ni escribirán nada
en descrédito de la Compañía: tambien será bueno que los superiores
guarden en escrito las malas inclinaciones, defectos y vicios que hayan en ellos descubierto, para descargo de su conciencia segun costumbre de la Compañía, y de los cuales, si es necesario, puedan servirse para hacerlos presente á los grandes y prelados á fin de privarles de todo influjo ó ascenso.

2. Que á todos los colegios se dé cuenta por escrito, de los que habian sido despedidos, exagerando las razones generales de su separacion, tales como son el poco sufrimiento y resignacion de su ánimo,
la inobediencia, la ninguna adhesion á los ejercicios espirituales, la
obcecacion para consigo etc. Que se advierta tambien inmediatamente
á todos los demás el que se abstengan de mantener correspondencia

con ellos; y que si llega el caso de hablar con algun extraño, sea uniforme el lenguaje de todos diciendo siempre por todas partes que nunca despide la Compañía á nadie sino por razones muy poderosas, y que, á imitacion del mar, arroja ella los cadáveres de su seno, etc. Que se insinuen, pues, con destreza semejantes razones por las cuales somos aborrecidos, para que su separacion sea mas plausible.

3. Persuádase en las exhortaciones domésticas, que aquellos que se han despedido son sujetos impacientes y que querrian con gusto volver á entrar en la Compañía; ponderando asimismo los infortunios de los que hayan perecido miserablemente despues de haber salido de ella.

4. Será menester prevenir las acusaciones que los removidos de la Compañía podrán hacer, valiéndonos al efecto de la autoridad de personas de suposicion que propalen por todas partes que ella no desecha á ningun individuo sino por razones muy graves y no corona sino los miembros corrompidos; todo lo cual podrá confirmarse por el celo que tiene ella por la salud de las almas de los que no le pertenecen, y así ¡cuánto mas celosa deberá ser por la de los suyos!

5. Debe en seguida la Compañía prevenir y obligar por toda clase de servicios á los grandes ó prelados cerca de los cuales empiecen aquellos que hayan sido despedidos á gozar de alguna autoridad ó crédito: convendrá manifestarles que el bien comun de una órden tan célebre como provechosa debe merecer mayor consideracion que el de otro particular, cualquiera que sea su importancia: pero si todavía conservan ellos algun afecto por los que han sido separados, será muy del caso manifestarles los motivos de su separacion, exagerando y abultando las cosas aunque no sean del todo ciertas, con tal que se puedan deducir por medio de consecuencias probables.

6. Se pondrá el mayor cuidado en impedir por todo estilo el que los que principalmente hayan por su propia voluntad abandonado la Compañía no asciendan á ningun cargo ni dignidad de la iglesia; á no ser que se comprometan, ellos y todo cuanto les pertenezca, á la dicha y que todo el mundo pueda saber que quieren estar en su dependencia.

7. Que se haga con anticipacion, de modo que sean alejados lo mas posible, del ejercicio de las funciones célebres en la Iglesia, como son los sermones, confesiones, publicacion de libros etc., por mie-

do de que no se atraigan la admiracion y aplauso del pueblo. Convendrá por eso indagar con gran cuidado su vida y costumbres, las reuniones que frecuentan, sus ocupaciones, etc. y penetrar, si es dable, en sus propias intenciones; para esto será preciso hacer de modo de tener una correspondencia particular con algunos de la familia en que permanezcan los removidos. Desde luego que se habrá descubierto en ellos alguna cosa reprensible ó digna de censura, convendrá difundirla por medio de sujetos de la ínfima plebe, haciendo en seguida que los grandes y prelados que los favorecen se inquieten por la infamia que podrá redundar sobre ellos: pero si nada hacen digno de correccion y se conducen de un modo laudable, se deprimirán con proposiciones sútiles é ingeniosas y con expresiones ambíguas las virtudes que se les encomian, hasta tanto que la estimacion y concepto que se les tenia queden bien disminuidos; porque importa sobre manera á la Compañia que los que hayan sido desechados de ella, principalmente los que de su espontánea voluntad la hayan abandonado, queden enteramente suprimidos.

8. Conviene divulgar continuamente las desgracias y accidentes siniestros que les sobrevengan, implorando no obstante las oraciones de sugetos piadosos, á fin de que no se crea que nuestros hermanos se mueven por pasion, y dentro nuestras casas se les ensalzará de todas maneras, para conservar de este modo á los demás.

CAPITULO XII

Quiénes se deberán mantener y conservar dentro de la Compañía.

1.   Los maestros hábiles deben obtener el primer lugar, á saber: aquellos que no menos fomentan el bien temporal que el espiritual de la Compañía; tales como frecuentemente son los confesores de los príncipes y grandes, de las viudas y devotas ricas, los predicadores y profesores, y todos cuantos sepan los presentes secretos.

2.   Aquellos á quienes les falten las fuerzas y que se encuentren abatidos por la vejez, conforme habrán ellos empleado sus talentos, por el bien temporal de la Compañía, de suerte que se tenga consideracion á la estacion pasada; además que son todavía estos instrumentos propios para elevar á los superiores los defectos ordinarios que reparen en los domésticos, puesto que ellos nunca se separan de la casa.

3.   Se tendrá la mayor precaucion en no despedir á nadie, mientras pueda pasarse sin esta medida, por temor de que la Compañía no adquiera mala reputacion.

4.   Además de esto, convendrá favorecer á todos aquellos que sobresalgan en talento, nobleza y riquezas, mayormente si tienen ami-

gos y parientes adictos á la Compañía y poderosos, y si ellos mismos
manifiestan un afecto síncero hácia ella, como hemos advertido antes;
se les deberá mandar á Roma ó á las universidades mas acreditadas
para cursar, ó si acaso han ya concluido sus estudios en alguna provincia, conviene que los profesores los traten con una predileccion y
favor especial, hasta que hayan cedido todos sus bienes á la Compañía:
nada se les debe rehusar, pero una vez se haya conseguido de ellos
todo lo apetecible, mortifíqueseles como á los demás, teniéndoles sin
embargo siempre algun miramiento por lo pasado.

5. Tendrán asimismo los superiores una consideracion particular
por aquellos que habrán atraido á la Compañía jóvenes escogidos,
puesto que con esto no habrán acreditado poco la adhesion hácia ella;
empero miemtras no hayan profesado, se debe atender á no manifes-
tarle demasiada indulgencia, por temor tal vez de que no distraigan á
los que hayan traido á la Compañía.

CAPÍTULO XIII.

~~~~~~~~

De la eleccion que debe hacerse de los jóvenes para ser admitidos en la Compañía, y del modo de conservarlos.

1. Se debe trabajar con la mayor prudencia para escojer á los jóvenes de talento, perfectos y nobles, ó á lo menos que sobresalgan en una de ambas cualidades.

2. Para atraerlos mas fácilmente á nuestro instituto, conviene que, mientras estudien, los rectores de los colegios y los catedráticos que los enseñen, les prevengan, y fuera de las horas de escuela, es necesario que les manifiesten cuan grato es á Dios el consagrarse á él junto con todo lo que se posee, especialmente en la Compañía de su hijo.

3. Que se les conduzca, cuando se presente ocasion, á dar un paseo por el colégio y jardin; y alguna vez llevarlos á las casas de campo ó quintas, no separándolos de los hermanos en el tiempo de recreo y procurando el que poco á poco adquieran con ellos franqueza, cuidando sin embargo que la demasiada familiaridad no produzca el desprecio.

4. No se permitirá que los hermanos los castiguen y los llamen á su deber como á los demás discípulos.

5. Conviene agasajarlos por medio de pequeños regalos y por pri-

6

vilegios proporcionados á su edad, animándolos sobre todo con prácticas espirituales.

6. Incúlqueseles que el ser ellos escogidos de entre tantos que frecuentan el colegio es providencia divina.

7. En otras ocasiones, mayormente en las exhortaciones, es menester atemorizarlos con amenazas de condenacion eterna, caso que dejen ellos de obedecer la vocacion divina.

8. Si constantemente piden entrar en la sociedad, difiérase su admision mientras persistan constantes; pero si parecen volubles, contémpleseles incesantemente y de diversos modos.

9. Adviértase con eficacia antes de ser recibidos, que no descubran su voluntad á ninguno de sus amigos, ni aun á sus mismos padres; que caso que les venga alguna tentacion de desdecirse, tanto ellos como todos los de la Compañía estarán dispuestos á hacer su voluntad; y si se consigue vencerlos, no faltará ocasion para alentarlos, recordándoles cuanto se les haya dicho, caso que suceda esto despues del noviciado ó despues de hechos los votos simples.

10. Consistiendo la mayor dificultad en atraer á los hijos de los grandes, nobles, consejeros y ministros, mientras permanecen en casa de sus padres que los educan con el designio de hacerlos suceder en sus destinos; será preciso persuadir á estos, mas bien por medio de amigos que por individuos de la Compañía, el que los manden á otras provincias ó universidades lejanas, enviando antes á los profesores instrucciones secretas tocante á su calidad y condicion, á fin de que empeñen su efecto con mas facilidad y seguridad hácia la Compañía.

11. Luego que hayan llegado á una edad mas madura, convendrá llevarlos á hacer algunos ejercicios espirituales, que tan feliz éxito han tenido entre los alemanes y polacos.

12. Será necesario consolarlos en sus trastornos y aflicciones, segun la calidad y condicion de cada uno, sirviéndose de amonestaciones particulares sobre el mal uso de las riquezas, exhortandoles á no despreciar la dicha de una vocacion, bajo la pena en contrario de los terribles suplicios del infierno.

13. A fin de que los padres y madres condesciendan con mayor facilidad con los deseos de sus hijos de entrar en la Compañía debe manifestárseles la excelencia de su instituto respecto al de las demás órdenes, la santidad y sabiduría de nuestros padres, su reputacion

en todo el mundo, el honor y aplausos universales que merecen tanto de los nobles como de los plebeyos: enumerarles los príncipes y grandes que, para su mayor consuelo, han pertenecido á la Compañía de Jesús; los que han fallecido en ella, y los que se mantienen todavía en su seno: manifiésteseles cuan agradable es á Dios el consagrársele los jóvenes, especialmente en la Compañía de su hijo; y tambien cuan útil el que haya el hombre llevado el yugo del Señor en su juventud. Pero si ponen alguna dificultad á causa de los pocos años, se les patentizará la sencillez y facilidad de nuestro instituto que nada tiene de engorroso excepto la observancia de los tres votos, y lo que es notabilísimo, que ninguna de sus reglas obliga ni aun con pena de pecado venial.

CAPITULO XIV.

ᴧᴧᴧᴧᴧᴧ

De los casos reservados, y de la razon de despedir de la
Compañía.

1. Además de los casos consignados en las constituciones, los
cuales el superior solo, ó el confesor ordinario con su permiso, podrá
absolver; hay sin embargo la sodomia, la relajacion, la lascivia, el
tacto impúdico de un hombre ó de una mujer: fuera de esto, si alguno, bajo cualquier pretexto de celo, hace alguna cosa de gravedad
contra la Compañía, será despedido por ser todas estas causas muy
justas para ello.

2. Si alguno pues se confiesa secretamente de una cosa semejante,
que se le niegue la absolucion antes que prometa declararlo al Superior fuera de confesion solo amigablemente, ya por sí ó por su confesor, como mejor le parezca: y caso que se conciba una esperanza
cierta de sufocar el crímen, convendrá entonces castigarlo con una
pena proporcionada, ó de lo contrario despedirle lo mas pronto posible; pero guárdese sobre manera el confesor de insinuar al penitente
el peligro que corre de ser despedido.

3. Si alguno de nuestros confesores supiese de una persona age-
na, haber cometido algo de indecoroso con algun individuo de la Com-

pañía; no debe absolverla hasta que, fuera de confesion, haya revelado el nombre de aquel con quien hubiese pecado, y si lo hace, se le hará jurar que jamás lo dirá á nadie sin consentimiento previo de la Compañía.

4. Si dos de nuestros hermanos pecan carnalmente, se retendrá en la Compañía el que primero lo declare, y el otro será despedido; pero en seguida se le mortificará y maltratará; para que así su despecho é inquietud den márgen á que se le despida, aprovechando la primera ocasion oportuna que se presente.

5. Siendo la Compañía un cuerpo noble y sobresaliente en la iglesia, podrá excluir de ella á todos aquellos que no parezcan idóneos para practicar nuestro instituto, aunque nada hayan dejado que desear en un principio; y facilmente vendrá á mano la ocasion, si se sigue el sistema de aburrirlos continuamente, haciéndose todo contra su inclinacion y gusto, poniéndolos bajo la férula de superiores rígidos, y alejándolos de los estudios y funciones mas honoríficas etc. etc., hasta que se vean precisados á quejarse.

6. De ningun modo conviene retener á aquellos que se rebelan abiertamente contra los superiores, ó que, ora en público, ora en secreto, se quejan de sus hermanos, y particularmente si lo hacen con los extraños; ni menos á aquellos que condenan el comportamiento de la Compañía en lo tocante á la adquisicion y administracion de los bienes temporales y en otros modos de obrar, como por ejemplo, el hollar y deprimir á los que no procuran su bien, ó que han sido despedidos etc.; y aun á los que toleran y defienden en conversaciones á los venecianos, franceses y demás por quienes ha sido proscrita la Compañía y sufrido grandes ultrajes.

7. Antes de despedir á alguno es menester maltratarlo extremadamente, alejarlo de las funciones á que está acostumbrado y emplearlo en otras diferentes: aunque las desempeñe bien, se le censurará de contínuo, y bajo este pretexto se le dedicará todavía á otro objeto: por una ligera falta que cometa, se le impondrán penas severas, confundiéndolo en público hasta el extremo de impacientarlo: finalmente se le despedirá como pernicioso á los demás, escogiendo para ello una ocasion que él no sospeche.

8. Si alguno de nuestros hermanos tiene una esperanza cierta de obtener un obispado ú otra cualquiera dignidad eclesiástica, á más de

los votos ordinarios de la Compañía, se le obligará á contraer otro, esto es; que conservará siempre buenos sentimientos para con nuestro instituto; que hablará bien de él; que no se valdrá de otros confesores que de los nuestros, y que no hará nada que pueda tener alguna tras-cendencia sin oir antes el dictámen de la Compañía. El no haber sido esto observado por el cardenal de Toledo, dió motivo á que obtuviese ella de la Santa Sede el que ningun marrano, ó sea descendiente de judíos ó mahometanos (1) fuese admitido, aunque no quisiera hacer semejante voto; y que, por célebre que fuese, se le arrojase como enemigo acérrimo de la Compañía.

(1) Nullus maranus perfidiæ judaicæ aut mahometicæ hæres.

CAPITULO XV.

～～～～～

De qué modo es menester conducirse para con las religiosas y devotas.

1.   Guárdense bien los predicadores y confesores de ofender á las religiosas, ó de concitarlas contra su propia vocacion: muy al contrario, luego que hayan ganado el afecto de las superioras hagan de modo de recibir á lo menos las confesiones extraordinarias y entretenerlas si es que esperan pronto reconocimiento. Pues las abadesas, mayormente las ricas y nobles, pueden servir de mucho á la Compañía, ya por sí mismas, ya por sus parientes y amigos; de modo que, por las relaciones de los principales monasterios, puede la Compañía adquirirse el conocimiento y amistad de casi toda la poblacion.

2.   Convendrá no obstante prohibir á nuestras devotas el frecuentar los monasterios de mujeres, por temor de que su régimen de vida no las seduzca y se frustre á la Compañia la esperanza que tiene de apropiarse todos sus bienes. Precíseseles á hacer voto de castidad y obediencia en poder del confesor, manifestándoles que semejante modo de vivir es conforme á las primitivas costumbres de la iglesia, y

que resalta en casa y queda oculto en el claustro; además de que, á ejemplo de de las viudas del Evangelio, hacen bien á Jesucristo dando todo á su Compañía. En fin, se deprimirá, cuanto sea dable, la vida monástica; comunicándoles todas estas instrucciones bajo el mayor sigilo, para que no lleguen á oidos de las religiosas.

CAPÍTULO XVI.

~~~~~~~

Del modo de hacer profesion de despreciar las riquezas.

1. A fin de que no nos atribuyan los seculares demasiada pasion por las riquezas, será útil rehusar algunas veces las limosnas de poca monta que se nos ofrezcan á cuenta de servicios prestados por la Compañía; bien que conviene aceptar las módicas prestaciones de sujetos que nos sean adictos, por temor de que no nos acusen de avaros si solo aceptamos las crecidas ó de alguna consideracion.

2. Se deberá denegar la sepultura en nuestra iglesia à personas oscuras, aunque hayan sido íntimamente afectas á la Compañía, por temor de que no parezca que buscamos las riquezas por medio de la multitud de difuntos.

3. Convendrá portarse decididamente con respecto á las viudas y demás personas que hayan cedido sus bienes á la Compañía; y aun con mas vigor, en igualdad de circunstancias, que con todos los demás, para que no parezca que favorecemos mas á los unos que á los otros por consideracion de bienes temporales. Es menester observar lo mismo con respecto á aquellos que pertenecen á la Compañía,

7

luego que hayan cedido y renunciado sus bienes; y si hay necesidad
de despedirlos de la misma, que se haga tambien, empero con la mayor discrecion, á fin de que á lo menos dejen á ella una parte de lo
que le habian dado, ó siquiera cuando mueran un legado en testamento.

~~~~~~~~~~~~~~~~

CAPITULO XVII.

~~~~~~~

Del modo de progresar la Compañía.

1. Que se procure principalmente, aun en las cosas de poca entidad, ser todos de un mismo sentir, ó á lo menos aparentarlo exteriormente; pues de este modo, en cualquier trastorno que se experimente en los negocios del mundo, se aumentará la Compañía y se robustecerá precisamente.

2. Esfuérzense todos á brillar por su saber y buen ejemplo, á fin de descollar sobre los demás religiosos y que el vulgo apetezca que todo lo manejemos nosotros. Dígase públicamente que no hay necesidad de que los pastores tengan muy dilatados conocimientos con tal que desempeñen bien sus deberes, puesto que pueden valerse de los consejos de la Compañía, la cual tiene, por este motivo, en gran consideracion los estudios.

3. Es preciso hacer experimentar á los reyes y príncipes aquella doctrina, de que la fé católica no puede subsistir en el estado presente sin ir acompañada de la política, mas para esto conviene emplear muchísima discrecion : de este modo lograremos ser bien quistos de los grandes y admitidos en los consejos mas secretos.

4. Se podrá mantener la benevolencia de los dichos transcribiéndoles de todas partes noticias escogidas y seguras.

5. No será poco ventajoso el entretener y conservar secreta y pru-
dentemente las divisiones y desavenencias suscitadas entre los grandes, aunque lleguen al punto de arruinarse mútuamente su poder.
Si se entrevé sin embargo alguna apariencia de reconciliacion, procurará desde luego la Compañía concordarlos, por temor de no ser pre-
venida por otro en este oficio.

6. Deberáse persuadir de todos modos, en particular al vulgo y á
los grandes, el que no ha sido establecida la Compañía sin una especial providencia divina, segun las profecías del abate Joaquin, á fin
de que se realzara la iglesia humillada por los herejes.

7. Ganado que se haya el favor de los grandes y obispos, será
menester apoderarse de los curatos y canongías para reformar el clero,
que antiguamente vivia bajo una regla cierta con sus obispos enca-
minándose á la perfeccion. Finalmente será preciso aspirar á la ob-
tencion de abadías y prelacías luego que vaquen ; lo que no será tan
difícil atendida la desidia, holganza y estolidez de los monges: pues
será muy ventajoso para la iglesia, que todos los obispados los obtenga
la Compañía, aun la misma Sede Apostólica, mayormente si el Papa
llega á ser príncipe temporal de todos los bienes. Por eso conviene que
poco á poco, pero prudente y secretamente, se extiendan las temporalidades de la Compañía; porque es indudable que en los primitivos tiempos no formaron un siglo de oro, pues no llegó á gozar la iglesia de
una paz universal y continuada, y por consiguiente no la acompañó la
bendicion divina.

8. Si se desespera de llegar á tal término sin poder dejar de causar escándalo, convendrá mudar de política acomodándose á las circunstancias y concitar á todos los príncipes amigos de nuestros hermanos á que se hagan mútuamente horrorosas guerras, á fin de que
se implore por todas partes el socorro de la Compañía; en cuyo caso
se echará mano de la reconciliacion pública como causa del bien comun, haciendo que sea seguida de la recompensa de beneficios y dignidades eclesiásticas para nosotros.

9. Finalmente, despues de haberse ganado la Compañía el favor
y autoridad de los príncipes, procurará á lo menos ser temida de
aquellos que la aborrecen.

FIN DE LAS INSTRUCCIONES.

OBRAS PUBLICADAS EN ESTE ESTABLECIMIENTO.

Las Ruinas de Palmira, y demás obras de Volney, Voltaire, Talleyrand, etc., etc. Un tomo de 920 páginas en 4.° y 9 láminas, 58 reales.

Carta de Talleyrand al Papa Pío VII. Folleto de 32 páginas en 4.° y una lámina, 2 reales en Barcelona y 2 y medio fuera.

Anatomía de la Misa. Un tomo de 100 páginas en 4.° y una lámina. 6 reales en Barcelona y 7 fuera.

Filosofía de Voltaire. Un tomo de 160 páginas en 4.° y una lamina, 9 reales en Barcelona y 10 fuera.

La razon natural. Un tomo de 150 páginas en 4.° y una lámina, 8 reales en Barcelona y 9 fuera.

Vida de Jesús, Los Apóstoles y S. Pablo, por Renan. Tres tomos de 20, 18 y 16 reales respectivamente en Barcelona, y 22, 20 y 18 fuera.

Cartas y discursos de Talleyrand. Un folleto: 2 reales en Barcelona y 2 y medio fuera.

Todas estas obras pueden adquirirse mandando su importe adelantado al editor José Codina, Riera de San Juan, número 3, piso 1.°, Barcelona, el cual las remitirá á correo vuelto, francas de porte.